EXAMEN

DE L'OPINION.

EXAMEN

DE L'OPINION

PHILOSOPHICO-MÉDICALE

QUI ATTRIBUE EXCLUSIVEMENT A L'ORGANISATION PHYSIQUE DU CORPS HUMAIN, LES DIVERS PHÉNOMÈNES DE LA VIE,

PAR A. PELLICOT,

SECOND MÉDECIN EN CHEF DE LA MARINE, PROFESSEUR DE PATHOLOGIE INTERNE, MEMBRE CORRESPONDANT DE L'ACADÉMIE ROYALE DE MÉDECINE, ETC.

..... totamque infusa per artus
Mens agitat molem. ....

A TOULON,
DE L'IMPRIMERIE DE DUPLESSIS OLLIVAULT.

1826.

AVANT-PROPOS.

La discussion qui fait l'objet de ce mémoire, est également du ressort de la physiologie et de la philosophie proprement dite, ou de cette partie de la métaphysique qui a reçu le nom de psycologie : elle intéresse donc également le médecin et le philosophe. En effet sous quelque rapport que l'on considère l'opinion que nous allons examiner, on en appréciera facilement l'importance, et on se convaincra sans peine qu'elle tient aux premiers principes et de la morale publique et des vertus privées.

A Dieu ne plaise que je veuille reprocher aux philosophes ou aux physiologistes qui ont émis cette opinion, d'en adopter les conséquences dans leur conduite particulière : non certainement, et je me plais à reconnaître que le plus grand nombre offre, dans la société, l'exemple d'une conduite irréprochable et de plusieurs vertus privées qui honorent à-la-fois et leur philantropie et leurs connaissances profondes; mais qu'ils soient de bonne foi, et ils conviendront en eux-mêmes que ces divers actes vertueux qui les caractérisent, ne découlent pas de leurs principes, et qu'ils n'en sont nullement une conséquence rigoureuse.

En effet si tous les actes humains doivent nécessairement procéder de l'invariable organisation physique, où se *nichera* le libre arbitre? Il n'existera et il ne pourra exister qu'un fatalisme absolu; et si comme je n'en doute pas, les défenseurs de cette opinion offrent l'exemple de plusieurs vertus sociales, c'est à des habitudes heureuses, c'est aux résultats précieux d'une éducation première qu'ils en sont redevables plutôt qu'à leur organisation primitive.

Mais que peut produire leur doctrine sur cette foule de jeunes gens irréfléchis et dans l'age des passions, qui sont accoutumés, comme on dit en logique, à *jurare in verba magistri*; où les entraînera leur active organisation, s'ils n'admettent pas d'autre guide, s'ils ne reconnaissent d'autre boussole dans leur conduite.

Quand on leur aura persuadé qu'il n'y a dans le corps humain que des *organes en action*, que de leur activité régulière ou anormale dépendent tous les phénomènes de la vie, et par conséquent tous les actes qui en émanent : de quel droit viendra-t-on ensuite censurer leur indolence pour le travail, si elle est purement *organique*; ou pourquoi applaudirait-on à leur zèle et à leurs succès, si tout cela procède de leur heureuse organisation ?

Je n'aurais pas non plus grande peine à prouver que cette théorie n'est pas indifférente à la pratique et à l'exercice de la médecine.

En effet comment pourra-t-on, d'après les seules données fournies par nos organes, apprécier toujours à sa juste valeur les diverses nuances de la maladie et les chances si incertaines du pronostic, si on n'a égard ni au principe de vie, ni aux forces vitales. La force et l'énergie d'un organe, ainsi que son état normal, peuvent très-bien exister indépendamment du *vis vitæ* particulier à l'individu. La force médicatrice de la nature, ou cette propriété spéciale qu'elle a de résister aux diverses causes physiques qui tendent à l'altérer, cette force de réaction qu'elle développe quand elle est lésée, tiennent certainement à son organisation spéciale, mais ne sont pas identiques avec l'organisation elle-même. C'est par elle que le malade triomphe souvent et des chances de la maladie et quelquefois même des illusions du médecin. Si on méconnaît ce principe universellement admis jusqu'à présent, toute médecine d'observation est illusoire. Cette sage expectation si recommandée par tous les observateurs, et notamment par l'Hypocrate moderne, *si nescis sta*, ne servirait qu'à laisser empirer davantage l'altération de nos organes (et c'est aussi à de pareils principes que paraissent incliner nos physiologistes modernes). Mais quelque manière de philosopher que l'on adopte à cet égard, il sera toujours démontré par la saine théorie et par l'expérience que l'altération de nos organes peut être modifiée par toutes les causes physiques et morales qui peuvent impressionner notre fêler machine, et que celle-ci possède un principe de vie et de conservation indépendante de sa structure physique.

Au reste en manifestant mon opinion personnelle au sujet de la question précitée, j'ai dû naturellement exposer et faire ressortir les raisons principales qui peuvent la corroborer, et par suite combattre les argumens de mes adversaires; mais quoique ne partageant pas leur manière de voir à ce sujet, personne n'est plus disposé que moi à rendre justice aux talens supérieurs dont ils ont donné des preuves dans divers ouvrages intéressans.

La manière dont leur opinion est présentée, peut en imposer à bien des personnes; mais pour peu qu'on y réfléchisse, on se convaincra aisément qu'en accordant tout à l'organisation physique, qu'en regardant tous les phénomènes que développent les divers corps *organiques*, comme le seul apanage de leur organisation, on exclut nécessairement tout principe étranger à l'organisation elle-même, et la nature entière serait muette devant son auteur.

Spinosa du moins, en n'admettant qu'une substance dont l'existence fut nécessaire, lui donne pour attribut l'*étendue* et la *pensée*, et fait de son Dieu l'ame de l'univers; mais quelques-uns de nos modernes, moins généreux que *Spinosa* lui-même, ne font de leur divinité qu'un être passif et indifférent, qui existerait au milieu de leur nature purement matérielle, et ne pourrait en recevoir aucun hommage libre ni volontaire.

Ainsi quand je dis, d'après leur *aveu général*, qu'ils admettent un Dieu, serait-on fondé à croire leur assertion, puisqu'ils en limitent si fort la puissance, qu'ils lui refusent la faculté créatrice, et qu'en supposant la matière éternelle, et se dirigeant d'après les lois inhérentes à son organisation, leur divinité imaginaire serait bientôt comme le *soliveau* de la fable.

Au reste ce ne serait remplir qu'une partie de notre but que d'insister davantage sur ce point, et de chercher à prouver par les inconvéniens qui découlent de leur système, combien leurs assertions sont peu fondées.

Mais comme nous abondons en preuves de tout genre pour soutenir notre opinion, laissons cet argument (*ex absurdis quæ sequerentur*), et passons à l'examen des preuves que présentent nos adversaires pour étayer leur assertion.

LES
DIVERS PHÉNOMÈNES
DE LA VIE

PEUVENT-ILS ÊTRE ATTRIBUÉS EXCLUSIVEMENT A NOTRE ORGANISATION PHYSIQUE?

ou ce qui est équivalant,

LES
DIVERSES PROPRIÉTÉS
VITALES

SONT-ELLES LE PUR RÉSULTAT DE LA CONTEXTURE DE NOS ORGANES OU DE LEURS TISSUS VIVANS?

Qu'un philosophe vraiment digne de ce nom signale des erreurs trop long-temps accréditées, et les remplace par des vérités utiles, ou du moins par des opinions systématiques, plus probables et mieux en rapport avec les découvertes modernes; l'histoire impartiale l'inscrira honorablement dans ses annales, et transmettra son nom à la postérité reconnaissante. Tels furent, et Copernic qui découvrit le système du monde, et son disciple Galilée (1) qui par ses propres découvertes, donna au système de son maître la certitude d'une démonstration. Tel fut encore Torricelly, disciple de Galilée, qui découvrit la pesanteur de l'air et démontra que l'élévation du mercure dans le baromètre, et celle de l'eau dans les pompes aspirantes, n'était pas dû à *l'horreur du vuide* qu'on avait admis jusqu'à lui, mais bien à l'effet de la pesanteur de l'air

---

(1) On disait jadis au célèbre Copernic : Si votre système était vrai, Vénus aurait des phases comme la lune; elle n'en a cependant point; donc votre nouvelle théorie n'est pas fondée : mais après la mort de ce grand homme, Galilée, son disciple, trouva les lunettes d'approche avec lesquelles on découvrit les phases de Vénus de manière que l'objection insoluble qu'on faisait entre le système de Copernic devint le complément de sa démonstration. (De Maistre, Soirées de St. Pétersb. page 284, 1.er vol.)

atmosphérique. Tels furent surtout les immortels Kepler et Neuton qui, selon l'heureuse expression d'un auteur moderne, ont écrit, pour ainsi-dire, leurs noms dans le ciel par leurs sublimes découvertes dans la théorie céleste. Tels furent encore les Descartes, les Leibnitz, les Mallebranche, et plusieurs autres que la saine philosophie ne désavouera jamais; mais qu'une multitude d'écrivains dont les ouvrages ne respirent qu'un dédain irréfléchi pour toutes les opinions reçues, dont tous les efforts tendent à détruire et à nier, sans preuve, les opinions de leurs contemporains, pour y substituer des échaffaudages en l'air, et qui n'offrent aucune base solide, s'arrogent le titre de philosophe; tout nous porte à présumer que le temps, ce juge inexorable et impartial des opinions humaines, fera justice de leur prétention et de leur opiniâtreté à combattre indistinctement toutes les croyances reçues, ainsi que des idées creuses qu'ils veulent leur substituer. C'est en vain que le nom sacré de philosophie est répété jusqu'à satiété dans tous leurs écrits; l'expérience n'a que trop prouvé combien on avait abusé de cette expression, et s'il fallait seulement fronder les opinions du jour, nier ou détruire pour mériter le titre de philosophe, qui l'eût mieux mérité que nos nivelleurs modernes.

Mais laissons ces discussions trop générales qui nous écarteraient de notre but, pour nous occuper seulement, comme nous l'avons annoncé, de cette opinion de philosophie médicale, qui suppose que les divers phénomènes vitaux appartiennent exclusivement à la matière, et qu'il est superflu d'admettre aucun agent ou principe distinct de notre organisation, pour l'explication de tous les phénomènes qui dépendent de la vie.

Parmi les modernes qui ont cherché à renouveller cette idée des anciens philosophes, et notamment des épicuriens, on remarque surtout le docteur Reil, qui s'est acquis une grande réputation en Allemagne par le journal pathologique qu'il publiait à Halle, et par plusieurs autres ouvrages de médecine.

Le principe fondamental de Reil, est que la vie et tous ses phénomènes dépendent de la matière organisée et de la différence primitive du mélange ou de la forme de ses élémens.

On voit ici d'abord qu'il a voulu exploiter l'idée de Descartes, qui cherchait à expliquer la formation de l'univers par la différence de forme qu'il supposait à ses atômes primitifs ; mais Descartes admettait toujours un premier moteur, une cause première, et il disait formellement qu'il serait aussi déplacé de chercher dans cette combinaison variée de la matière, le premier moteur, qu'il le serait de chercher dans la structure d'un instrument de musique les sons variés et mélodieux qu'un habile musicien en sait retirer.

Reil soutient que nous ne devons pas remonter à l'ame pour nous rendre raison des divers phénomènes de la vie, parce que nous n'avons aucune preuve de son existence par l'expérience, mais qu'il nous apprenne ce que l'expérience lui dit sur la supposition gratuite qu'il fait du mélange animal pour expliquer ces mêmes phénomènes, tandis qu'il y a d'ailleurs en faveur du principe immatériel, l'existence de divers phénomènes vitaux qui sont évidemment opposés à l'idée que nous avons de la matière et de ses propriétés, qui excluent toute idée de matière et qui ne sauraient être l'apanage de la matière, tels sont les phénomènes de la pensée et de la volonté.

Reil, qui après avoir annoncé sa proposition, ne peut en fournir aucune preuve, observe avec quelque fondement, que nous serions bientôt au terme de nos recherches, si nous voulions en phisiologie recourir à un agent immatériel ; je conviens volontiers de ce principe, et il est convenable de chercher la cause des phénomènes qui frappent nos sens par l'exploration de tous les moyens qui sont à notre pouvoir. Ce principe est admis par tous les physiologistes et par tous les philosophes eux-mêmes, et ce serait vraiment entraver une science que de vouloir interdire l'usage des divers moyens d'investigation qui peuvent nous induire à découvrir une vérité quelconque; mais est-on autorisé d'après ce principe à nier ce qui est jusqu'à présent reconnu vrai pour lui substituer des absurdités, ou, ce qui est équivalant, des mots insignifians tels que son prétendu mélange animal, qui ne présente rien d'effectif sur la question, et qui ne dit pas plus que s'il disait tout bonnement je n'en sais rien. En effet, d'après l'observation du docteur *Roose*, qui s'est montré l'antagoniste des opinions erronées de Reil, et qui les a combattues avec succès (d'après le savant historien moderne de la médecine), l'hypothèse de Reil renferme évidemment un cercle vitieux dans sa démonstration ; car le mélange et la forme de la matière organique doivent contenir, suivant lui, la raison de la propriété qu'a cette dernière d'affecter la forme et le mélange qui lui sont particuliers ; ce qui est évidemment vouloir prouver une hypothèse par l'hypothèse elle-même. Mais comme l'observe le docte Sprengel, d'après la mesure de nos connaissances actuelles, il nous est impossible de supposer que les changemens de la matière sont la cause de l'action du cerveau et des nerfs; que pouvons-nous faire de mieux alors que d'admettre une substance matérielle, subtile ou invisible, ou même un *principe spirituel, immatériel et supérieur à la matière.*

Quoiqu'il en coûte à la raison humaine de chercher l'explication des divers phénomènes de la vie hors du domaine de la matière, néanmoins presque tous les philosophes anciens et modernes qui ont réfléchi sur les opérations de l'entendement humain, ont senti l'impossibilité qu'il y avait de donner à la matière la faculté de penser. Loke (1), dont les ouvrages ont joui de tant de réputation parmi nos philosophes modernes, tout en convenant de ce principe, et après avec disserté avec la prolixité et la confusion qui caractérisent son ouvrage sur l'entendement humain, avance néanmoins dans son 4.ᵉ vol. page 470 (2),

---

(1) Page 470, tome 4, dans les notes.
(2) Dans les notes, traduction de Coste.

que *Dieu aurait pu accorder à la matière cette faculté de penser* (ce qui suppose par conséquent qu'il ne l'a pas fait); mais Condillac que l'on me paraît accuser à tort de matérialisme, par cela seul qu'il n'a pas admis, ainsi que Loke, d'*idées innées*, Condillac, dis-je, donne une démonstration mathématique de l'impossibilité d'attribuer la pensée à la matière (1) dans son essai sur l'origine de nos connaissances.

Cette vérité a été si généralement sentie que presque tous les philosophes se sont efforcés de chercher le point central où résidait ce

---

(1) Qu' A B C, trois substances qui entrent dans la composition du corps se partagent trois perceptions différentes ; je demande où s'en fera la comparaison, ce ne sera pas dans A puisqu'il ne saurait comparer une perception qu'il a avec celle qu'il n'a pas; par la même raison ce ne sera ni dans B, ni dans C; il faudra donc admettre un point de réunion, une substance qui soit en même-temps un sujet simple et indivisible de ces trois perceptions, distincte par conséquent du corps, une ame en un mot. (Condillac, essai sur l'origine des connaissances humaines, pag. 6, 1.er vol.)

principe immatériel de l'intelligence et de la volonté; mais ça été et ce sera toujours en vain que l'on voudra fixer un siége à un principe qui ne saurait en avoir puisqu'il est hors du domaine de la matière. Néanmoins le célèbre anatomiste Sommering vient de renouveler cette prétention et, au rapport de Sprengel, il assigne pour siége à l'ame le fluide vaporeux des ventricules du cerveau dont les parois ne se touchent jamais et qui renferment l'origine des nerfs. Bichat admet lui-même un principe intérieur sensitif qu'il appelle ensuite, quelques lignes après, page 172, un organe où siége la cause du sentiment; il dit : « que cet organe transmet au cerveau les modifications qu'il éprouve dans ses forces vitales, mais *nous ignorons*, ajoute-t-il, *complètement ce moyen de communication de l'un à l'autre* »; il a aussi la sage réserve de n'en pas fixer la résidence, quoique le nom d'organe qu'il lui donne paraisse emporter avec lui quelque chose de matériel.

La nécessité d'un centre commun et unique où les diverses perceptions viennent aboutir et coïncider pour pouvoir être appréciées, comparées et déterminer par suite l'affirmation ou la négation, la volition ou le choix; cette nécessité, dis-je, est d'une telle évidence qu'elle a été sentie par tous ceux qui ont réfléchi sur les divers phénomènes de la vie, et spécialement sur les opérations de l'entendement; mais c'est précisément la recherche de ce siége spécial dont on sent l'importance, qui a donné lieu à deux erreurs bien manifestes : la première est celle des philosophes spiritualistes ou animistes qui, oubliant qu'un être immatériel ne pouvait occuper l'espace, (1) se sont vainement efforcés de lui assigner un siége, tantôt dans la glande pinéale, comme Descartes, d'autres dans la moelle allongée, d'autres dans le *septum lucidum* ou dans le cervelet, quelques-uns dans le centre phrénique et même dans l'estomac.

La seconde erreur est celle de la plupart des

---

(1) Dieu est le lieu des esprits comme l'espace est le lieu des corps. (Pensée sublime de Mallebranche dans la recherche de la vérité.)

matérialistes qui ont fait de ces divers siéges le point de départ de la plupart des opérations animales ou organiques ; tant il est vrai, comme dit sagement un auteur moderne, que dans les choses où nos sens ne nous disent rien, le plus sage parti est de s'abstenir de prononcer, à moins qu'elles ne nous soient démontrées par l'évidence elle-même, ou par des preuves irréfragables.

Ces derniers qui veulent tout accorder à la matière sont parvenus en général à se rendre raison et à expliquer d'une manière satisfaisante les causes secondaires des divers phénomènes de la vie ; mais où ils se sont sagement abstenu de prononcer sur les causes premières, à l'exemple de *Bichat*, où ils ont déraisonné à qui mieux mieux en voulant les chercher dans la matière. Ils ont poussé si loin la manie de l'analyse (méthode à laquelle Condillac avait donné la première impulsion), qu'ils sont parvenus à tout considérer séparément dans le corps humain et à vouloir tout isoler et tout localiser, sans se mettre en peine d'en faire ensuite la synthèse, c'est-à-dire, de coordonner ensemble les diverses parties et de les rapporter à leur tout ou à *l'individualisme.*

En effet, depuis que l'ingénieux Bordeu, pour apprécier la sensibilité et les modifications spéciales que présentent nos divers organes, a avancé que chaque organe du corps humain jouissait d'une vie particulière; nos physiologistes ont saisi avec avidité cette expression, qui n'est vraie que dans un sens allégorique. Bichat a surtout exploité cette idée avec le talent qui le caractérise, et il a prouvé qu'elle n'appartenait pas exclusivement à l'organe, mais bien aux divers tissus qui entrent dans la composition de l'organe. (1)

---

(1) « On a beaucoup parlé, d'après Bordeu, de la vie propre de chaque organe, laquelle n'est autre chose que le caractère particulier qui distingue l'ensemble des propriétés vitales d'un organe de l'ensemble des propriétés vitales d'une autre; avant que ces propriétés eussent été analysées avec rigueur et précision, il était visiblement impossible de se former une idée rigoureuse de cette vie propre; et d'après l'idée que je viens de donner, il est

Son bel ouvrage d'anatomie générale est consacré spécialement à l'examen de ces divers tissus qu'il a décorés du nom de systèmes ; il en compte vingt-un parmi lesquels il a la bonté de faire figurer le système *pileux* à côté des systèmes vasculaire, nerveux et musculaire.

J'applaudis au zèle que l'on met à tout explorer et à analyser en particulier toutes les parties du corps humain : tout cela peut être utile et serait néanmoins plus précieux si nous avions à traiter chaque tissu isolément ; mais dans l'état actuel il est évident qu'après l'analyse il faut faire la synthèse, et considérer les diverses parties du corps humain, non pas isolément, mais dans leur ensemble, dans leur harmonie, dans leurs rapports mutuels, dans le consensus général, et ne pas voir des milliers d'individus isolés, mais un seul individu

---

évident que la plupart des organes étant composés de tissus simples très-différens, l'idée de la vie propre ne peut s'appliquer qu'à ces tissus simples et non aux organes eux-mêmes. » (Page 83 de ses considérations générales.)

et un seul ensemble. Tous ces divers systèmes décrits par Bichat jouissent, selon lui, de leur vie propre ou, ce qui équivaut, d'une sensibilité et de propriétés particulières; mais de qui ces divers tissus reçoivent-ils leurs diverses propriétés vitales, leur modification spéciale de sensibilité? On n'aura pas de peine à répondre que le système nerveux en est le distributeur ou le conducteur général, puisque en détruisant les nerfs qui s'y distribuent on anéantit leur vitalité; mais d'où le système nerveux tire-t-il ses propriétés.....? Du cerveau, me répondra-t-on.....; mais d'où les tient ce dernier, et qu'a de commun sa contexture avec les phénomènes variés auxquels il préside.....?

Mais l'amour-propre de l'homme, et surtout de nos philosophes, consentira-t-il jamais à reconnaître son insuffisance? Bien différens en cela de ce profond philosophe de l'antiquité qui, après avoir long-temps médité sur les diverses connaissances humaines, finit par avouer, *unum scio quod nihil scio.*

Il nous paraît donc démontré que les prétentions de Reil, qui veut tout subordonner à son mélange animal, ou à l'arrangement différent de la matière animale, non-seulement n'expliquent rien, mais se trouvent en opposition avec la plupart des phénomènes que nous présente l'économie animale. (1)

Examinons à présent si certains de nos physiologistes modernes seront plus heureux dans leur résultat, en recusant l'intervention de tout principe de vitalité, et si le simple mécanisme de nos organes pourra suppléer à tous ces divers principes admis jusqu'à présent.

---

(1) En effet ce mot de mélange animal est dans les écrits de Reil un espèce de talisman qui supplée à tout. Dans le traité du même auteur sur les fièvres, en 4 volumes, dont j'ai la traduction italienne, il donne ce mélange animal comme établissant la différence de ces trois classes générales de fièvres : la synoque, le typhus et l'ataxie, hypothèse sans doute fort commode pour l'auteur, mais insignifiante pour l'instruction du lecteur.

Il y a déjà long-temps que je suis convaincu, et par la lecture des journaux de médecine, et par celle de divers ouvrages qui paraissent depuis quelque temps, que toute la philosophie médicale, et par suite les théories qu'elle enfante, sont plus ou moins basées sur cette idée *mère* que le corps humain ne vit que d'une manière organique, comme les autres corps organisés de la nature; que le corps ne présentant que des appareils généraux, ou des organes particuliers et différemment modifiés, une physiologie, vraiment philosophique, ne doit rien voir au-delà.

C'est d'après ces données qu'on regarde aujourd'hui l'exploration de nos organes dans l'état de santé et de maladie, comme devant fournir l'unique base d'après laquelle il soit permis de chercher la solution du problème intéressant que le médecin cherche à résoudre pour parvenir à la connaissance des maladies et à leur guérison. C'est d'après cette idée exclusive que l'on ne donne aucune attention aujourd'hui au caractère fondamental ou essentiel de la maladie, mais seulement au siége qu'elle occupe; méconnaissant ce principe consacré par tous les observateurs anciens et modernes, qu'une maladie pouvait changer de forme apparente et surtout de siége, sans changer de nature ou du caractère essentiel qui doit fournir les indications curatives.

Il est pourtant vrai qu'aujourd'hui nos modernes n'admettent presque qu'une cause générale de toutes nos maladies, et n'attribuent qu'à l'exaltation exclusive du système vasculaire sanguin toutes les altérations organiques; ils n'ont réellement à s'occuper qu'à combattre cette cause générale. Mais il faut espérer néanmoins que la mode influençant chez nous la médecine comme tous les attributs humains, finira plus tôt ou plus tard par atteindre, *avec son inconstance usitée*, cette opinion comme celles qui l'avaient précédée, et restituera bientôt aux autres systèmes organiques, et notamment au système nerveux qui est sans contredit le système essentiellement vital, l'influence dont nos modernes ont voulu le dépouiller en faveur des capillaires sanguins.

Mais je laisse ces questions, qui pourront revenir plus à propos, pour ne m'occuper que de la question de philosophie médicale, qui fait le sujet de ce mémoire.

Cette discussion est de la plus haute importance, car on sait, et on peut s'en convaincre en lisant l'histoire de la médecine, que ça toujours été sur les opinions philosophiques dominantes qu'ont été constamment basées les théories médicales ; il n'est donc nullement surprenant que les doctrines physiologiques que l'on s'efforce d'accréditer aujourd'hui, procèdent des mêmes principes que ceux que les philosophes modernes ont cherché à propager, et que l'on veuille tout rapporter à la matière organisée.

Fixons un instant notre attention sur les principes que les philosophes actuels manifestent au sujet de la matière : quand je parle des philosophes actuels, j'entends parler des naturalistes (car aujourd'hui, d'après la judicieuse remarque d'un écrivain moderne, toute la philosophie s'est réfugiée dans l'histoire naturelle et dans les sciences physiques), et voyons si, avec la meilleure volonté de ne reconnaître comme eux dans la nature que de la matière qu'ils divisent en deux classes, l'*organique* et l'*inorganique*, ils pourront satisfaire à l'explication de tous les phénomènes que nous présente l'économie animale, ou plutôt si, dans l'idée qu'ils se forment de cette *matière organique*, ils ne se rapprocheraient pas des idées reçues avant eux, et s'il ne serait pas possible de s'entendre en y mettant de la bonne foi.

Qu'elle est la différence (leur demanderai-je), qui caractérise la matière *organique* et la distingue de l'*inorganique?* Ils me répondront que c'est l'*activité vivante* ou une espèce de *mouvement vital* qui caractérise la *matière organique*.

Mais d'où vient à la matière *organique* cette activité, ce mouvement de vie ? de sa *contexture primordiale* qui *constitue son essence*.

Mais connaissons-nous l'essence de la matière organique ? pas plus que celle de la matière inorganique ; nous connaissons seulement ses attributs ou ses diverses propriétés, et nous savons, quant à la matière organique, que lorsque son organisation, qui n'est que *temporaire*, vient à cesser, elle passe dans la classe de la matière inorganique *et en subit toutes les lois*. Ainsi par conséquent, si la matière organique dépouillée de son activité vivante devient inorganique, il est évident qu'il ne faut qu'ajouter l'activité vivante à la matière inorganique pour la rendre organique, pour lui donner le complément de vie ou la qualité essentielle qui caractérise la matière organique ; donc ce mouvement vital, cette activité qui caractérisent la matière organique, ne tiennent nullement à l'essence de la matière, mais c'est une propriété qui lui est ajoutée, propriété qui cesse plus tôt ou plus tard et qui pourrait lui être enlevée tout comme elle lui est accordée en diverses circonstances, puisque l'organisation cesse de fait par la mort, et se développe dans les circonstances propices. C'est ainsi par exemple que dans la mort apparente du *rotifère* que *Spallazani* et *Lewenhoke* ont vu se prolonger jusqu'au terme de vingt années, époque après laquelle sa resurrection peut encore s'opérer; dans les graines ou germes des végétaux, dans les œufs des oiseaux, etc. Je vois bien une matière qui contient le rudiment de l'organisation et de la vie ; mais pour que cette matière organique se développe et ne passe pas immédiatement à la condition de la matière inorganique, il faut un degré convenable de chaleur et d'humidité ; il faut que les conditions imposées par l'auteur de la nature développent ce mouvement intérieur particulier qui caractérise la vie, sans cette condition la verticelle-rotifère, la graine, l'œuf resteront, ou du moins rentreront dans le domaine de la matière inorganique et en subiront toutes les lois.

Ainsi la vitalité ou le mouvement qui caractérise la vie ne tient donc nullement à l'essence de la matière organique, c'est un attribut, ou une propriété étrangère à la matière organique qui lui est surajoutée, et qui est par conséquent indépendante de la matière elle-même.

Si on convient de cela..... et la bonne foi pourrait-elle ne pas en convenir.... Dès lors....
ruit Ilium.....

En effet, les bornes que je me suis imposées ne me permettent pas d'en faire ressortir toutes les conséquences, mais le lecteur attentif les saisira aisément : car si les attributs ou les propriétés qui constituent la vie, qui distinguent la matière *organique* de l'*inorganique*, sont des propriétés distinctes de la matière, voilà j'espère cet agent *étranger* à la matière, ce *premier moteur*, cet être de nature différente qu'on admet en *psycologie* ; en un mot, cet agent ou ce principe distinctif de la matière dont *Cabanis* a été forcé de reconnaître la nécessité pour l'explication des divers phénomènes de la vie et qu'il supposait que la nature *avait déposé dans les germes ou dans la liqueur séminale.*

On connaît les nombreux rapports qui ont lié de tout temps la philosophie avec la médecine, et l'histoire nous montre que plusieurs médecins ont cultivé la philosophie avec succès puisque le père de la médecine a été compté lui-même au nombre des grands philosophes, et que divers auteurs le regardent même comme le père de la philosophie de Platon. Depuis quelque temps cet aliage a paru s'altérer, ou plutôt disons avec vérité que, depuis la moderne philosophie, on n'a guère connu de médecins allier à leur art la culture de la philosophie, si on n'en excepte *Cabanis* dont les ouvrages médico-philosophiques ont été accueillis comme des oracles et par nos médecins et par nos philosophes modernes. Mais quoique ce dernier eût sucé, pour ainsi dire, avec le lait les principes de la philosophie moderne à l'école d'Helvétius, il faut pourtant convenir que dans ses mémoires sur l'influence des sexes, des ages, etc., qui font partie de ceux de l'institut national, il a eu la bonne foi de convenir qu'on ne peut se rendre raison des divers phénomènes vitaux, si on n'admet pas « *que la nature a mis dans les germes ou dans la liqueur seminale un principe ou une faculté vivifiante* ; cet aveu est fait, non dans le corps de l'ouvrage, mais dans une petite note écrite en petit caractère comme si la pudeur que lui inspirait la philosophie dominante alors, l'en eût fait rougir. Aussi il a l'air de faire cette concession en faveur du principe vital que Barthès avait proclamé et d'après lequel on raisonnait généralement en philosophie médicale. Comme Hypocrate l'avait proclamé il y a deux mille ans, on cherchait encore à étudier la nature des maladies dans l'*indivisible* ou du moins on admettait encore ce *consensus général* entre les divers organes qu'on n'isolait pas comme autant de républiques fédératives, et on croyait bonnement qu'ils étaient sous l'influence d'un principe commun, quoique ayant des usages et des fonctions diverses. On pensait encore comme le bon Lafontaine que les bras étaient pour agir, les jambes pour marcher et l'estomac pour digérer, et que tous isolément chargés de leurs fonctions respectives concouraient au but général, au but unique, l'entretien, la conservation de la vie et la reproduction de l'individu.

Aucun ouvrage *ex professo* n'ayant été publié depuis long-temps sur cette partie, on ne pouvait juger les opinions médicales à ce sujet que par ce qu'en avaient dit les auteurs dans des dissertations générales. Bichat lui-même, qui est regardé comme ayant ouvert la carrière à cette manière de philosopher en médecine, dit néanmoins dans le tome trois de son anatomie générale, en traitant des causes qui mettent en jeu la contractilité animale : « le cerveau n'est qu'un intermédiaire à l'ame et aux nerfs comme les nerfs le sont aux muscles et au cerveau, le principe qui sent, agit d'abord sur cet organe, lequel réagit ensuite ». Et après avoir parlé des mouvemens bizarres ou réguliers qui sont l'effet de notre intelligence troublée ou régulière, il ajoute, page 283 : « mais dans tous ces cas, ce sont toujours des mouvemens volontaires, ils partent du principe immatériel qui nous anime ». Ainsi Bichat lui-même reconnaît expressément un principe immatériel qui nous anime, et préside aux opérations de l'intelligence et notamment de la volition.

Mais M. Rostan, dans un ouvrage qui, d'après M. Georget même, manquait à la science médicale, vient, en remplissant cette lacune, annoncer qu'il n'y a ni principe de vie, ni propriétés vitales, mais seulement des organes en exercice qui constituent la vie.

Il n'a plus d'égard pour les forces vitales que Humblot avait substituées au principe vital, qu'au principe vital lui-même ; toutes ces idées ont vieilli et ne sont plus à la hauteur de la science ; pour les rajeunir il faut ne voir dans l'homme qu'un bimane à matière organisée peut être un peu plus délicate ou plus complexe que dans le singe ou l'écureuil. Mais malheureusement pour le succès de cette théorie comme pour toutes les autres il faut des preuves pour les étayer, et comme on l'apprend en logique, *nier n'est pas prouver*; examinons donc si les preuves qu'ils fournissent justifieront leurs prétentions.

J'avouerai donc avec eux de bonne foi que nos sens ne nous laissent voir dans le corps humain que des organes, et convaincu que dans aucune science il ne faut établir des principes sans nécessité, si leur théorie répond à tous les phénomènes de l'économie animale dans l'état sain et pathologique, je souscrirai volontiers à leur opinion. Je dois d'abord convenir d'une chose, c'est que je n'ai pas pu me procurer encore l'ouvrage de M. Rostan, le premier volume ayant à peine paru ; mais je crois pouvoir apprécier ses principes sur l'extrait et l'analyse qu'en a donné M. Georget dans les archives médicales, surtout cet auteur, déjà connu avantageusement dans la science, partageant ses opinions et les corroborant par ses réflexions particulières.

Dans les archives médicales, page 648, M. Georget s'exprime ainsi en analysant l'ouvrage de M. Rostan sur les diagnostic, etc. Suivant M. Rostan : 1.° il n'y a dans l'homme vivant, ni principe, ni propriétés vitales, les organes en exercice constituent la vie ; 2.° lorsque les organes sont sains, les fonctions sont saines ; si les organes sont altérés, leurs mouvemens sont irréguliers, les fonctions sont dans un état pathologique.

Je m'arrêterai à ces deux propositions fondamentales : 1.° quant à la première, on voit qu'elle est une pure hypothèse de l'auteur : il avance qu'il n'y a dans l'homme ni principe vital, ni propriétés vitales, ce sont selon lui des organes en action qui constituent la vie ; n'est-ce pas vouloir éluder la question pour ne pas reconnaître ce que ses prédécesseurs ont admis ; et si on lui demande qu'elle est la différence qui existe entre les organes de l'homme vivant et ceux du cadavre, ne sera-t-il pas forcé de convenir que dans le premier il y a vitalité ou, s'il aime mieux, activité vivante, et dans le second défaut de vitalité ou privation de vie et d'activité. Eh bien ! c'est cette différence qui a été jusqu'à présent signalée comme *résultant de la vie ou du principe de la vie*, ce qui est bien évident et ne peut se rétorquer même par des tournures et des expressions différentes qui tendent nécessairement au même but. Mais voyons la deuxième proposition qui est l'explication et la preuve, pour ainsi dire, qu'il donne de cette absence du principe de vie dans les organes vivans ou, comme il les appelle, *en action*.

2.° *Lorsque les organes sont sains, les fonctions sont saines*, et réciproquement si les organes sont altérés, leurs mouvemens sont irréguliers et les fonctions dans un état pathologique.

Si cette deuxième proposition était admissible,

elle anéantirait l'influence du moral sur le physique, puisque toute lésion des fonctions ne serait que consentive de la lésion de l'organe, tandis que l'expérience prouve qu'une affection morale peut altérer les fonctions organiques avant même l'altération de l'organe. Mais comme c'est ici une des propositions fondamentales, pour ainsi dire, de la nouvelle théorie médicale, il est nécessaire de nous y arrêter un peu plus long-temps, et de prouver à ces Messieurs qu'ils prennent très-souvent l'effet pour la cause. Je dis d'abord, et je le prouverai par la suite, que cette deuxième proposition anéantirait l'influence du moral sur le physique; mais ce ne serait pas certainement pour l'école moderne une raison suffisante pour la rejeter; voyons si elle peut être admise.

Si les phénomènes pathologiques étaient tous le simple résultat de la lésion des organes, nous ne pourrions être influencés défavorablement par aucune sensation pénible, que l'organe correspondant ne fût auparavant lésé, ce qui est contre l'expérience journalière; ainsi lorsqu'une lumière trop vive ou trop faible à force d'influencer péniblement l'organe de la vue finit par l'altérer, j'espère que la lésion de cet organe n'a pas précédé cette influence de la lumière et la sensation pénible qu'elle occasionnait. Lorsqu'une nourriture, un aliment indigeste ou véneneux a déterminé la lésion des organes digestifs, croit-on que la lésion de l'organe n'a pas été consécutive? Mais dans tous les cas, ou le moral influence le physique, ou une passion vive affecte l'individu; croit-on que la lésion de l'organe précède et détermine les phénomènes pathologiques? Disons plus, peut-on croire qu'il est toujours nécessaire que la lésion des organes ait lieu pour que ces phénomènes puissent se répéter et même se soutenir quelque temps? Ainsi par exemple dans diverses vésanies, dans quelques monomanies qui n'ont pas de suites funestes, peut-on croire que les divers symptômes qu'elles développent soient la suite de la lésion des organes? Je sais bien que l'on a grand soin de nous montrer dans la *nécroscopie* l'altération que présentent quelques cerveaux de maniaques, mais n'est-il pas présumable, dans ces cas même, que ces lésions sont une suite répétée de l'action de la maladie ou des phénomènes pathologiques.

Je conviens sans peine que ces lésions une fois établies, les phénomènes pathologiques en sont le résultat; mais c'est alors surtout que la maladie est incurable, lorsqu'elle a altéré les organes avec lesquels elle est en rapport. Non-seulement les physiologistes qui ne veulent admettre de symptômes pathologiques que comme le pur effet des lésions organiques, ne peuvent se rendre raison des prodromes, des symptômes précurseurs des signes généraux qui se développent souvent avant l'invasion de certaines maladies; mais encore des phénomènes pathologiques qui sont le résultat des affections morales et qui disparaissent ordinairement avec la cause qui les a produits.

Citons un exemple frappant de divers phénomènes pathologiques, sans altération des tissus organiques.

Il y a quelques années que plusieurs de

nos journaux de médecine ont relaté le fait suivant, sur une hydrophobie produite et entretenue par le pur effet de l'imagination ; il est trop frappant et trop analogue à la question que je traite pour ne pas le rappeler ici.

Un homme avait un chien auquel il était très-attaché par les preuves d'intelligence et de fidélité qu'il lui avait donné. Un jour en revenant de la campagne, ce chien se trouve assailli de plusieurs autres chiens avec lesquels il se bat. Le maître l'appelle en vain ; ce chien occupé à se défendre et à se battre, n'entend plus la voix de son maître ; celui-ci, pour le retirer de la mêlée, le prend par la queue et le tire du milieu des autres ; son chien, dans l'état de colère, ne reconnaît pas son maître et le mord gravement à la main ; mais dès que le chien a reconnu son maître, qu'il s'est aperçu qu'il l'a mordu, frappé de chagrin et de repentir, il disparaît et on ne le voit plus revenir à la maison. Le maître qui aimait beaucoup cet animal, se persuade aisément que son chien était malade, qu'il était depuis quelques jours morose, en un mot, qu'il ne l'aurait pas mordu s'il n'eût été enragé. En effet, voilà le maître du chien qui devient morose à son tour, qui n'a plus d'appétit, qui croit ne plus boire aussi facilement qu'auparavant; enfin, qui au bout de quelques jours offre les symptômes de l'hydrophobie la mieux caractérisée. Tous les accidens s'exaspèrent malgré les secours de l'art et les observations de ses amis. Cet homme est toujours plus convaincu que son chien était enragé, et tous les alentours finissent par le croire aussi. Le malade ne prend plus de nourriture, il entre surtout en convulsion quand on lui présente des liquides; enfin son état était des plus alarmans, lorsque le chien qui s'était expatrié volontairement, retourne enfin au logis. Dès qu'on voit le chien qui ne paraissait nullement malade, et dès qu'on le vit manger et boire, on s'empressa de l'annoncer à son maître, qui était déjà en charte-privée; celui-ci ne peut contenir sa joie, il descend, veut voir le chien, et à cette vue, tous les symptômes de l'hydrophobie la mieux caractérisée disparaissent comme par enchantement. Je demande à présent aux partisans du siége des maladies, où ils placeront les nombreux symptômes qu'a développés cette maladie imaginaire. Ces symptômes étaient-ils l'effet de la lésion des tissus ? etc.

A ce fait combien ne pourrait-on pas en réunir d'autres qui sont le pur effet ou de l'imagination ou de l'exaltation évidente des facultés morales ou intellectuelles et qui cessent ou spontanément ou à des évènemens heureux ; eh! combien de monomanes plus ou moins heureux n'ont pas habité les petites maisons et n'en ont pas moins fourni des symptômes évidens de lésion des facultés intellectuelles ou affectives, sans que pour cela il soit permis de supposer de l'altération dans leur cerveau. Ah! si l'ouvrage du spirituel Erasme sur l'éloge de la folie n'est pas fondé sur un but chimérique, quel homme pourrait se flatter d'avoir son cerveau intact d'après l'opinion de nos physiologistes ?

Mais revenons à la proposition avancée par l'auteur qui ne voit les symptômes pathologiques que comme un effet de la lésion des organes, et convenons, d'après les faits précités, qu'il est incontestable que souvent les phénomènes pathologiques précèdent et ont lieu même sans lésion préexistante des organes ou sans une altération évidemment organique, comme l'ont reconnu tous les médecins ; ces phénomènes pathologiques ont bien une cause quelconque, mais elle n'est pas toujours appréciable par nous ; et alors ou elle est purement vitale, ou nerveuse si l'on veut, mais sans admettre pourtant de lésion nerveuse spéciale ou nevralgique.

C'est dans ce sens qu'on peut penser, avec M. Rostan et la plupart des modernes, qu'il n'existe pas de fièvre essentielle sans cause quelconque ; je pense dans ce cas comme Frank le père, que la fièvre est plutôt le signe de la maladie que la maladie elle-même, *febris est potiùs umbra morbi quàm morbus ipse.*

Mais qui pourra néanmoins nier de bonne foi que souvent chez les personnes très-impressionnables, chez les personnes éminemment nerveuses, une forte émotion de plaisir ou de chagrin ne développe souvent des mouvemens convulsifs ou des fièvres éphémères dont le siége, ou plutôt la cause, ne peut exister que dans leur constitution spéciale : je dis la cause, car il n'y a pas d'effet sans cause, et ces convulsions, ces accès fébriles ont une cause quelconque ; mais pour le siége spécial, je laisse aux amateurs le soin d'en fixer la résidence, à moins qu'ils ne l'identifient avec la cause. En parlant ici de cause, il est évident que je parle de la cause interne, de celle qui tient à l'individu, et non de la cause occasionnelle ou de l'émotion qui a déterminé le développement de cette affection pathologique.

Tout ce que M. Rostan dit ensuite sur les maladies des organes, sur l'altération des fluides, sur les causes qui font varier les maladies et les modifient si diversement au point que chaque maladie présente un problème particulier à résoudre à son médecin ; toutes ces considérations, dis-je, me paraissent très-sages et dignes de la haute réputation que M. Rostan s'est acquise et qu'il justifie tous les jours dans ses savantes et utiles leçons de clinique ; mais je me permettrai encore quelques réflexions sur les développemens que présente M. Georget dans l'analyse de cet ouvrage.

« Les quatre premières propositions de pathologie générale, dit-il, paraîtront incontestables à tous les médecins de l'école moderne. Il n'existe pas de facultés de faire la bile sans foie, ni de facultés de digérer sans l'estomac : *les propriétés vitales ne sont donc que l'effet des tissus vivans* ». Arrêtons-nous un moment à apprécier son raisonnement : d'abord je ne contesterai pas à M. Georget que divers médecins de l'école moderne ne regardent ces propositions comme incontestables, quoique nous venions de prouver et par les faits et par le raisonnement que les deux premières peuvent être contestées. Quant à la nouvelle preuve dont il les étaye en disant qu'on ne fait pas de bile sans foie, ni de digestion sans estomac, et que par conséquent les propriétés vitales ne sont que l'effet des tissus vivans, il nous permettra, je l'espère, de ne pas en voir la conséquence aussi évidente qu'elle le paraît à lui-même. On ne fait de bile sans foie, ni de digestion sans estomac, mais le foie et l'estomac sans le secours des attributs de la vie ou des propriétés vitales, peuvent-ils remplir leurs fonctions, digérer et faire de la bile? Cette condition de la vitalité forme la cause essentielle, *sine quâ non*, elle est aussi essentielle que l'organe lui-même : celui-ci est le *medium* qu'emploie la nature, l'autre est *la cause première*; de ces deux causes essentielles et inséparables résulte l'effet qui est l'acte de la digestion ou de la bilification. Ainsi au lieu de voir les *propriétés vitales* comme *effet de tissus*, il est évident qu'il faut les considérer comme *causes* de leur action, ce qui n'est pas tout-à-fait la même chose. Aurait-il jamais vu, dans ses nombreuses dissections, le foie ou l'estomac d'un cadavre agir et entrer en action; il y manquait toujours quelque chose, c'était le principe vivifiant.

Mais pour ôter toute incertitude sur la nécessité des principes moteurs ou vivifians qu'on ne veut pas admettre aujourd'hui généralement, et par cela seul qu'on ne le trouve pas dans la matière, passons aux actes de l'économie animale, qui sont soumis à notre volonté. Croit-on qu'il suffit qu'un muscle soit bien conformé pour qu'il se contracte à point nommé et se repose quand il est fatigué ; c'est cependant ce qu'on pourrait déduire de leur physiologie, puisqu'ils ne voient que des tissus vivans exerçant régulièrement leurs fonctions quand ils sont sains, et irrégulièrement quand ils sont malades.

Mais combien cette physiologie qui ne satisfait nullement dans l'explication des phénomènes vitaux, est encore contredite par la pratique. Quel est le praticien qui n'a pas vu des applectiques, des maniaques, dont l'eutopsie a montré des altérations réelles dans le cerveau, offrir peu d'instans avant leur mort, des momens de calme et étonner les assistans par la lucidité des idées et du raisonnement (1). J'ai vu

---

(1) C'est même cette observation répétée qui a donné naissance à la comparaison vulgaire que l'on fait des derniers momens d'un moribond, avec une lampe qui s'éteint,

souvent cela même à la suite des délires les plus constans. Dans ces cas qu'était devenu leur cerveau malade ? était-il revenu instantanément à son état naturel pour que ses fonctions aient pu, d'après nos physiologistes, se faire d'une manière régulière ? Qui ne voit le ridicule de cette supposition ? On a même rencontré dans les cadavres, dit un auteur moderne *(Fauchier, indications de La Saignée)*, des traces d'inflammation cérébrale, sans que la maladie eût été

---

et qui avant de finir complètement, répand une petite clarté momentanée ; et d'ailleurs, de combien de mourans n'a-t-on pas dit que ses derniers instans ont été *comme le chant du cygne ?*----- Or, si la vie existe toute dans la matière, si la seule altération des organes doit fournir la mesure des forces vitales, il est évident que cette désorganisation marchant graduellement et d'une manière méthodique, on pourrait calculer de même la diminution relative des phénomènes vitaux, avec la certitude d'une progression mathématique décroissante, et l'on n'observerait jamais de ces anomalies qui étonnent les assistans dans les derniers instans de la vie.

accompagnée de délire ; et M. Hernandès, dont on ne contestera pas l'érudition, cite à ce sujet des exemples frappans du défaut de correspondance de l'état du cerveau avec les symptômes pathologiques, dans sa thèse sur la cause prochaine de l'apoplexie. Au reste que l'on ne regarde pas cette discussion comme oiseuse et comme n'ayant aucun rapport à la pratique médicale. Si on ne reconnaît pas de principe moteur, de principe indépendant des organes ou plutôt distinct des organes et leur donnant la première impulsion, on ne reconnaît pas non plus de *vis medicatrix naturæ*, on n'a aucun égard à son activité dans les maladies. Celles-ci ne sont plus regardées comme l'effet du principe réacteur, on n'admet plus de médecine d'observation ou de médecine expectante. Le médecin, ne voyant que des organes malades, ne peut plus calculer dans son pronostic, le degré des forces vitales qui sont pour le vrai praticien la boussole la plus sûre pour le guider dans ses déterminations.

Ce principe de vie, ce principe qui réagit

dans les maladies, ce principe que Vicqdazir a si bien développé dans l'article *aiguillon* de l'encyclopédie méthodique ; ce principe que Vanhelmon avait signalé dans l'effort que fait la nature pour se débarrasser de l'épine qui la blesse, a toujours été reconnu sous des dénominations diverses par tous les médecins anciens et modernes ; et de tous les temps on a admis comme axiôme fondamental que là où se manifeste une douleur ou une cause d'irritation, là il se développe une fluxion : *ubi dolor, ubi fluxus* ; comment peut-on se rendre raison de cet afflux à la suite de la piqûre ou de la sensation dolorifique, si on ne suppose pas une réaction, ou un principe réacteur qui tient essentiellement à la vie. Eh ! qu'est cette réaction qui caractérise la vitalité de nos organes, qui les distingue de l'état de mort, qui les soustrait à l'empire des lois purement physiques, si ce n'est la vie elle-même, ou le principe qui la constitue.

Je ne crois pas que de bonne foi on puisse

se refuser à admettre des conséquences aussi évidentes.

En ne voyant comme M. Rostan que des organes en action dans le corps humain, on peut jusqu'à un certain point, d'après cette seule considération, se rendre raison de divers phénomènes physiologiques et pathologiques que ces organes en activité développent, quoique naturellement on fût fondé à demander quelle est la cause première de ces phénomènes, quel est le principe moteur de cette action organique. Mais supposons d'après lui et divers philosophes modernes, que la matière organique a par le seul effet de son essence ou de sa nature, le mouvement, le principe moteur dont est privée la matière inorganique. Je conviens que d'après cette hypothèse purement gratuite, je pourrais concevoir la marche de l'organisation végétale, et même animale, en multipliant toute fois les hypothèses et en accordant à l'activité de ces organes, cette *affinité spéciale* qui caractérise les divers instincts, les rapports, les propensions ou affections plus ou moins obscures, et même tout ce qu'on voudra ou qu'il sera nécessaire de leur accorder pour expliquer les divers phénomènes vitaux qu'on observe dans les plantes et les animaux. Je veux croire, d'après ces Messieurs, que toutes ces facultés ont été accordées par l'auteur de la nature à la matière organique, et que ce sont même ces attributs qui constituent la vie; que lorsque la matière organique en est privée, elle rentre alors dans le domaine de la matière inorganique qui n'est plus régie comme on sait que par les lois chimiques et physiques; ainsi je veux m'efforcer de ne voir d'après lui dans l'homme même, qu'une matière organisée un peu plus compliquée si l'on veut, ou un peu plus adroitement combinée que dans les autres êtres vivans; beaucoup plus généreux qu'eux qui ne veulent pas m'accorder le seul principe moteur ou vital dont tous les phénomènes de la vie proclament l'existence; je veux bien leur passer toutes ces suppositions pour qu'ils puissent se rendre raison des divers phénomènes physiologiques et pathologiques;

mais après toutes ces concessions, après ces hypothèses purement gratuites, on pourra, je pense, expliquer les divers résultats de l'action des corps sur l'homme sain et malade, et même les influences de son physique sur certaines déterminations morales, comme l'a prouvé *Cabanis* dans ses mémoires trop vantés; mais je les défie de me prouver malgré toutes ces concessions l'influence des affections morales sur les organes physiques de l'homme, ou en d'autres termes, l'influence du moral sur le physique; vérité pourtant d'une si grande certitude, qu'elle est le résultat de nos observations journalières, et dans l'état de santé et dans l'état pathologique.

Comment en effet, si tout est le résultat de notre organisation physique, s'il n'y a dans le corps que des organes en action, comment concevoir que ces organes soient influencés par un évènement imprévu, par une joie ou une frayeur subite qui les exaltera ou anéantira leur activité. Comment ces pauvres organes, essentiellement actifs, puisqu'ils sont organisés à cette fin, deviendront-ils subitement passifs et nuls? Eh! qui dans ce cas déroutera leur activité, la modifiera, l'anéantira même quelquefois ? Une impression qui leur est étrangère, puisqu'elle ne tient pas à leur organisation, impression qui, je l'espère, n'offre rien de matériel dans sa cause, comme serait un coup, une chûte, etc. etc. Ainsi puisqu'on ne veut voir que de la matière dans l'organisation humaine, on est du moins forcé de convenir que cette matière peut être influencée même par un être immatériel et sans contredit *impondérable.......*

Je conviens avec nos physiologistes, que nous ne voyons que des organes matériels et des divers tissus d'organes dans l'exploration du corps humain; et pouvons-nous par le pur effet de nos sens matériels y apercevoir autre chose ? Mais se croirait-on autorisé d'après cela seul à nier l'existence des objets qui ne frappent pas immédiatement nos sens, ou dont nous ne concevons pas clairement les phénomènes ? Cette prétention serait tout aussi bien fondée que celle d'un aveugle qui nierait l'existence de la lumière ou la diversité des couleurs parce qu'il ne saurait ni les voir ni les apprécier, ou bien que celle de l'homme privé de la faculté de l'ouïe qui refuserait d'admettre l'existence des sens.

En effet, que savons-nous réellement de certain sur la plupart des opérations de nos divers organes, et que pouvons-nous savoir de plus désormais dans tout ce qui ne procède pas immédiatement de nos observations et de notre expérience ?

Les connaissances physiques, les analyses chimiques, parviendront un jour à nous faire mieux apprécier encore les divers phénomènes de la *nutrition*, de la *sanguification*, de la *respiration*, etc.; peut-être même parviendrons-nous un jour à mieux connaître les phénomènes fugitifs et variés de la sensibilité qui tiennent de si près au mécanisme de la vie; mais que de mystères impénétrables ne présentera pas toujours notre admirable organisation ?

En effet, la physiologie éclairée par l'anatomie et la physique moderne nous rend bien assez raison de la manière dont les rayons lumineux, après avoir subi les différens degrés de réfraction, suivant la plus ou moins grande densité des différens tissus ou *milieux* qu'ils sont obligés de traverser, parviennent enfin à se réunir et à coïncider sur la *retine* ou le nerf optique; mais arrivé à ce point, que peut nous dire de plus le physiologiste? et qu'a de commun l'effet de ces rayons lumineux sur la *retine*, avec la sensation admirable et étonnante qui en est le résultat?..... On croit avoir dit beaucoup à ce sujet quand on a comparé cet effet à celui de la *chambre obscure* : j'avoue que dans l'hypothèse de l'homme machine de *Diderot*, on pourrait peut-être tirer quelque parti de ce parallèle, et comparer cette machine inerte avec le mécanisme du corps humain; mais si dans la chambre obscure il faut toujours un spectateur pour compléter le phénomène et pouvoir l'apprécier, il faut aussi dans le mécanisme du corps humain un agent quelconque, un principe excitateur pour l'animer et mettre en jeu cette admirable organisation.

Oui tout nous prouve, comme l'a démontré un illustre écrivain moderne (1) *que l'homme est une intelligence servie par des organes*, et c'est vainement que l'on s'efforcera de méconnaître ce principe de vie qui lui a été imprimé par la divinité elle-même. (2)

Ça été et ce sera toujours en vain que l'on cherchera à méconnaître une vérité qui, quoique contestée si souvent, n'en a pas moins toujours été généralement admise, et qui a surnagé jusqu'à présent dans l'océan des ages, malgré les antagonistes nombreux que lui ont suscité tant de passions réunies.

A la vérité ce principe de vie, ce faible rayon de la lumière incréée, échappera toujours au scalpel de l'anatomiste et ne se montrera guère plus docile aux expériences des physiologistes; mais s'il n'est pas aperçu par nos sens matériels,

---

(1) *Bonald*, Recherches philosophiques sur les premiers objets des connaissances morales, page 296.

(2) Et insuflavit spiritum vitæ super faciem ejus.

les phénomènes qu'il développe et auxquels il préside, seront toujours étrangers et indépendans de la matière, et signaleront sa présence à tout esprit sans prévention.

En effet, la réflexion la moins soutenue nous laisse clairement apercevoir en nous-même cet agent intérieur qui modère et préside à l'universalité de nos opérations, cet être qui établit, pour ainsi dire, ce combat perpétuel entre la raison de l'homme et ses organes physiques, cet agent invisible qui scinde même souvent notre propre volonté, qui nous fait entrevoir le bien et ne suffit pas pourtant toujours à l'opérer.

. . . . Aliudque cupido,
Mens aliud suadet; video meliora proboque,
Deteriora sequor . . . .
(Ovid. Mét. L. 8.)

Et avouons que c'est le comble de la déraison de s'obstiner à vouloir rapporter à une matière *invariable dans sa structure*, des phénomènes qui *varient à chaque instant* et qui certainement n'offrent rien de stable ni de régulier comme la substance de laquelle on voudrait les faire dépendre.

Mais il ne faut aujourd'hui à certains physiologistes que du matériel; et pourquoi, nous disent-ils, admettrions-nous ce que nos sens ne nous laissent pas entrevoir? cela était bon tout au plus du temps de la féerie. Ah! de grâce, un peu plus d'égard pour nos ancêtres! Et que saurions-nous sans eux? D'ailleurs si, comme vous le soutenez aujourd'hui, tout procède, tout dépend de notre *organisation*, vous serez forcés de convenir, d'après vos principes mêmes, que ces ancêtres dont vous flétrissez la mémoire, avaient beaucoup plus d'esprit et de talent que nous, puisque tous les monumens historiques nous prouvent qu'ils étaient plus fortement *organisés* que nous, et que leur organisation était surtout moins précaire et moins souvent altérée que celle de nos beaux esprits modernes.

Mais c'est en vain que l'on veut substituer aujourd'hui à ce principe immatériel, une nouvelle hypothèse purement gratuite, en soutenant que la matière possède, par l'essence même de son organisation, cette faculté vivifiante. Hélas! nous ne connaissons pas même l'essence de la matière brute et inorganique; nous en connaissons seulement quelques attributs ou quelques propriétés, et l'on prétend argumenter, d'après la connaissance supposée de l'essence de la matière organique, tandis que tout nous prouve que les propriétés qu'on lui arroge si ratuitement, et que l'on suppose tenir à sa nature organique, ne sont réellement que précaires, limitées dans leur durée, et subordonnées même à plusieurs chances incertaines.

Ah! soyons de bonne foi, et nous conviendrons que dans cet échaffaudage compliqué qu'on s'efforce d'élever pour anéantir tout principe immatériel, il y manque toujours une chose essentielle, c'est le moteur, c'est la main invisible du grand architecte. Nos anciens, qui étaient sans contredit pour le moins aussi bien *organisés* que nous, avaient supposés que *Prométhée* ne parvint à animer sa statue qu'en dérobant le feu du ciel..... Nos modernes, avec le secours de leurs nombreuses lumières, ne vont ni si haut, ni si loin, pour si peu de chose. Le *quid occultum* que les anciens voyaient dans la plupart des phénomènes vitaux, n'arrête plus personne aujourd'hui, il n'y a pas, dit J. J. Rousseau, de mince physicien qui ne veuille expliquer tous les phénomènes de la matière électrique. Rien n'est caché ni mystérieux pour nos modernes, tout est organique dans les phénomènes de la vie, tout dépend de la matière organisée ; à la vérité il ne faut que peu de chose pour être parfaitement d'accord avec eux, il ne s'agit que leur faire grace des preuves et adopter leur corollaire : on se trouve dès-lors au niveau du siècle, et bientôt les nombreux éteignoirs qui pleuvaient sur notre tête, sont remplacés par des lumières étincelantes.

Mais convenons que ces grandes lumières ne nous rendent pas plus clairvoyans, elles ne paraissent influer que sur notre amour-propre et sur notre présomption qui est le caractère spécial de notre siècle; mais je demanderai encore à nos physiologistes organiques comment ils peuvent se rendre raison de *la volonté* qui, je l'espère, est un des attributs essentiels de la vie, s'ils placent l'homme sous l'empire exclusif de son organisation ? Dans leur hypothèse, l'homme n'a plus de volonté, ni par conséquent de liberté réelle; il doit être nécessairement déterminé par ses organes qui le feront fléchir naturellement suivant leur manière d'être. Et c'est à tort, d'après leur principe, que les historiens ont flétri la mémoire de *Néron* et exalté la clémence d'*Auguste*, ou la bienfaisance de *Titus*..... Convenons que ce magnamine *Régulus* qui préféra une mort certaine à une vie qui n'eût pas été sans gloire, devait être singulièrement *organisé*, d'après nos physiologistes modernes ? A la vérité je conçois que lorsque *Tarquin* déshonora *Lucrèce*, il suivait aveuglément l'impulsion de ses organes ; mais je ne vois rien d'organique dans la mort héroïque de *Lucrèce*.

Je pourrais pousser plus loin les exemples et, en appelant à mon secours l'histoire profane et sacrée, citer un grand nombre de cas qui prouveraient évidemment que notre volonté ne saurait être déterminée exclusivement par notre organisation ; mais je n'ai pour cela qu'à en appeler à eux-mêmes.

N'ont-ils jamais été dans un état d'indécision et de perplexité ; et alors n'ont-ils pas senti cet instinct particulier qui consacre dans l'homme la liberté du choix ? Cette liberté distincte évidemment de la matière sans qu'elle en soit néanmoins totalement indépendante : eh ! bien, dans ces circonstances j'en appelle à leur bonne foi : était-ce la matière seule ou son organisation spéciale qui les laissait flotter entre l'espérance et la crainte, entre l'envie de prendre un parti et la raison qui les en éloignait, était-ce le mélange animal de *Reil* qui établissait cet état d'indécision qui suppose par lui-même la liberté du choix et de la détermination.

Si, comme le dit Jean-Jacques lui-même, la vertu est synonime de force, où existerait-elle, où pourrait-elle se réfugier, si l'homme ne pouvait jamais faire aucune violence à son organisation pour l'acquérir, et si les divers actes humains en étaient le pur résultat.

Je ne pousserai pas plus loin l'examen d'une opinion si extravagante qui anéantirait tout principe de moralité; mais quoique je pense avoir suffisamment prouvé que c'est à tort que certains physiologistes veulent soutenir que les divers phénomènes vitaux sont le pur résultat de notre organisation matérielle, je présenterai encore un dernier argument en faveur de l'opinion contradictoire que je soutiens : il est simple, mais il me paraît péremptoire, et je me flatte que le lecteur impartial en appréciera la valeur.

Si tous les phénomènes de la vie dépendent de l'organisation physique, ces phénomènes doivent se reproduire tant que l'organisation restera intacte, ou qu'elle ne sera pas sensiblement altérée. Je ne vois pas comment les physiologistes que je combats, pourraient retorquer cette première proposition; mais s'ils en conviennent, comme tout prouve qu'ils seront obligés d'en convenir, comment pourront-ils alors se rendre raison de ces morts soudaines et instantanées qui sont le résultat d'une forte émotion de terreur, de chagrin et même d'une joie excessive et subite qui anéantissent instantanément le principe de vie à l'instar du choc électrique.

Dans ces cas, dont fourmille l'histoire contemporaine et même l'histoire ancienne, à quelle désorganisation sensible du corps humain attribuera-t-on la cessation des phénomènes vitaux. La necroscopie offrira tous les organes dans un état normal, il ne manquera à cette admirable organisation que le premier moteur, que le principe vivifiant qui n'a pu résister à une émotion trop violente (1). En effet, c'est là la seule explication plausible que l'on puisse donner de pareils évènemens, et même de ces morts promptes qu'on remarque dans plusieurs maladies chroniques. J'en appelle ici aux praticiens

---

(1) Peut-on croire que cette mère, que l'histoire nous dit avoir succombé à la réception de la nouvelle de la mort de son fils, soit morte par le pur effet de la désorganisation de ses organes.

de bonne foi, combien de fois n'ai-je pas vu de ces malheureux atteints d'affections chroniques, pectorales ou abdominales, résister et survivre à des désorganisations évidentes des poumons ou des organes abdominaux, de manière à étonner les assistans et le médecin même : leur survient-il quelque impression subite de chagrin et même de joie, dès-lors le flambeau de leur vie s'éteint subitement. Ce faible principe de vie qui les soutenait encore au milieu de l'incendie général et de l'altération manifeste de leurs organes, n'a pu résister au surcroît de cette affection morale.

Je sens ce que peut encore répondre l'envie de disputer ou l'amour-propre blessé ; mais je me flatte que la bonne foi du lecteur impartial sera convaincue, et cela me suffit.

Les diverses preuves que nous avons réunies doivent paraître suffisantes pour démontrer que les assertions des physiologistes qui veulent attribuer à la matière organique les divers phénomènes de la vie, ne reposent sur aucune base solide, puisqu'ils ne peuvent pas prouver que ces propriétés dépendent exclusivement de l'organisation. Ils trouveront sans doute plus commode de le supposer et de mettre en thèse ce qu'il faudrait prouver.

En effet, parce que les diverses propriétés vitales ont lieu par le moyen des organes (ce qui n'a jamais été contesté par personne), ils se croient autorisés à les supposer exclusivement organiques et à refuser à ces mêmes organes l'intervention ou le concours de l'agent qui peut seul les mettre en activité. Mais ayant démontré la nécessité de ce concours, de ce premier moteur distinct de la matière dont plusieurs d'entre eux, et Cabanis lui-même, ont reconnu la nécessité, nous serions autorisés, je pense, à regarder notre tâche comme achevée à ce sujet; mais essayons néanmoins d'anéantir toute espèce de probabilité en faveur de leur hypothèse, en leur prouvant qu'elle n'est pas même admissible, et qu'ils ne sont nullement autorisés à supposer que les facultés vitales tiennent à l'essence de la matière organique.

L'essence d'une chose quelconque a toujours été regardée en bonne logique comme une propriété caractéristique ou un attribut qui s'identifie tellement avec la chose elle-même, que celle-ci ne peut exister ni même être conçue sans cet attribut, qui doit être nécessairement constant et nullement précaire. C'est ainsi que le triangle ne peut ni exister ni même être conçu sans l'idée des trois angles et des trois côtés qui constituent son essence, qu'un cercle ne peut exister ni être conçu sans la supposition d'un point central également distinct de tous les points de sa circonférence ; qu'une sphère ne peut exister sans la rotondité circulaire qui la caractérise, etc.

Or, je demanderai à nos physiologistes s'ils oseraient soutenir qu'il en fût ainsi des propriétés vitales qui accompagnent *ordinairement* la matière organique. Tant s'en faut que ces propriétés constituent l'essence de la matière organique, et qu'elle ne puisse être conçue sans elles ; que ces propriétés sont évidemment *temporaires* et même *précaires*, et que non-seulement la matière organique peut être conçue sans vitalité, mais que cette faculté lui est *surajoutée*, *suspendue* ou *retranchée* dans plusieurs circonstances, sans que son essence paraisse aucunement altérée. Ainsi par exemple, à quel homme sans prévention persuadera-t-on que la matière organique du fœtus cessera d'être organique et changera d'essence par cela seul que quelques *glaires* accumulées dans sa trachée-artère au moment de sa naissance, entravent le nouveau développement vital qui se fût opéré sans cela (1).

---

(1) On sait que le moment de la naissance est une époque critique, surtout pour les enfans débiles; car c'est alors que le fœtus isolé du sein maternel et dégagé des membranes (qui, à l'instar de la *coquille*, protégent et enveloppent l'œuf humain), doit commencer une nouvelle vie,

Pour se convaincre d'avantage du peu de fondement que présente le système de ces naturalistes qui ne veulent admettre dans la nature que deux sortes de matières, l'organique et l'inorganique; et qui regardent les phénomènes de la vitalité comme inhérens à la matière organique, et en constituant l'essence; il suffira de leur demander dans laquelle de ces deux classes ils placent les graines des végétaux et les œufs des oiseaux. S'ils les classent dans la matière organique, ils seront dès-lors forcés de convenir que l'essence de cette matière organique est évidemment conditionnelle, puisque ce n'est qu'à certaines conditions que leur vitalité peut se développer, ce qui repugne à l'idée que nous

---

une existence indépendante de celle qu'il tenait de sa mère. Si à cette époque un obstacle quelconque empêche l'air ambiant de pénétrer dans ses poumons, et que le mécanisme de la respiration soit entravé, dès-lors la vie est suspendue, et quelque parfaite que soit son *organisation*, le flambeau vital s'éteint incessamment, et ce principe disparait pour toujours.

avons de *l'essence* ; et s'ils voulaient la regarder comme appartenant à la matière organique, ils conviendraient, par cela même, que la matière inorganique peut devenir organique, c'est-à-dire, changer de nature et d'essence, ce qui est également contraire à toutes les idées reçues, et prouverait d'ailleurs ce que nous soutenons : que la vitalité n'est qu'une accessoire ou attribut ajouté à la matière inorganique, et qui est par conséquent étranger à sa nature.

Ainsi, toutes les assertions de quelques modernes physiologistes ne sont nullement fondées, et ce sera toujours en vain que l'on s'efforcera d'attribuer les divers phénomènes de la vie à la seule matière organique, tant que l'on ne prouvera point que ces facultés lui sont *inhérentes* et qu'elles dépendent de l'essence de son organisation. Tant qu'ils ne donneront aucune preuve de cela (ce qui leur est impossible), ils bâtiront toujours des hypothèses purement gratuites et des échaffaudages sans fondement.

Ils seraient complètement dans l'erreur s'ils

croyaient prouver leur assertion en comparant les opérations de l'estomac avec celles de l'organe cérébral, et en avançant que le cerveau est l'organe de la pensée comme l'estomac est l'organe de la digestion. En effet je veux bien leur passer cette comparaison, quoique, s'il est une science où on puisse faire l'application de cet axiôme de logique, *omnis comparatio claudicat*, c'est certainement en physiologie; puisqu'il n'existe pas une seule fonction qui ne présente des disparates tranchantes avec une autre fonction : l'une peut bien être la suite ou la conséquence de l'autre. Par exemple la *chylification* et la *sanguification* peuvent bien être regardées comme la suite ou le complément de la digestion; mais quelle analogie et quelle comparaison peut-on établir entre la respiration et les secrétions diverses, entre la digestion et les fonctions cérébrales, entre la sensation de l'ouïe et celle de la vision, entre celle du goût et l'obfuction, etc.

Mais supposons, comme ils l'avancent, que le *cerveau digère la pensée comme l'estomac les alimens* ou, ce qui serait plus exact, que le cerveau est un organe aussi essentiel à la pensée que l'estomac l'est à la digestion. Alors qui contestera une vérité ainsi énoncée ? Ne sait-on pas qu'après de longues contentions d'esprit, cet organe est sensiblement fatigué ? Quel est l'homme vulgaire qui ne rapporte pas à son cerveau les opérations de son intelligence ? C'est d'après ce sentiment universel que tous les philosophes, et *Bossuet* lui-même, ont désigné cet organe comme le principal siége de l'*ame*. Oui le cerveau est l'organe nécessaire et immédiat de la pensée, il est le *medium* ou l'instrument par le moyen duquel s'effectuent les diverses opérations intellectuelles, tout comme l'estomac est l'organe qui préside aux opérations digestives ; mais j'espère que l'on ne voudra pas en tirer la conséquence que parce que le résultat de la digestion est purement physique, le résultat des opérations auxquelles préside le cerveau doit être aussi physique. J'avoue que cette conséquence ainsi rapprochée doit paraître pour le moins plaisante. C'est probablement d'après une conséquence aussi rigoureuse et d'après un parallèle qui offre si peu d'analogie, que quelques physiologistes ont bien voulu appeler la pensée une *pure secrétion du cerveau.*

Passons-leur encore cette ignoble comparaison ; mais ils conviendront du moins que cette *secrétion* n'offre rien de physique et qui frappe nos sens matériels, et ils seront dès-lors forcés de convenir que le cerveau peut, par sa seule contexture matérielle ou par son organisation physique, opérer des *secrétions nullement physiques*, et par conséquent produire des résultats diamétralement opposés à sa nature, ce qui renverserait cet axiôme fondamental, que personne ne peut donner ce qu'il n'a pas. (*Nemo dat quod non habet*). Eh! qui ne voit les conséquences ridicules où les conduit une opinion aussi insoutenable (1).

---

(1) Quoique pénétré de vénération pour les talens et le mérite transcendant de M. de Bonald, il me semble qu'il a

C'est surtout en réfléchissant sur l'étonnante fonction que l'organe cérébral est destiné à remplir, qu'on en apprécie évidemment, et la suprématie sur les autres fonctions organiques, et la nécessité de l'intervention de cet agent distinct de la matière qui paraît spécialement y présider.

C'est dans ce mécanisme admirable que brille éminemment cette puissance invisible à nos sens

---

eu trop de bonté de déployer tant d'érudition et de consacrer un long chapitre à refuter l'absurde définition de l'homme, qu'on trouve dans le catéchisme philosophique de St. Lambert. Qu'est-ce en effet que *cette masse organisée et sensible qui reçoit de l'esprit de tout ce qui l'environne?* Il suffirait d'analyser ou plutôt de définir ces expressions étonnées, pour ainsi dire, de se trouver ainsi à côté les unes des autres, pour en apprécier le ridicule.

Une masse qui reçoit de l'esprit des objets qui l'environnent. Une *masse sensible....* En effet jusqu'à présent les physiciens croyaient avoir épuisé la matière en calculant la vitesse et la pesanteur des masses, relativement à leur volume et à leur densité; mais il leur reste encore une grande lacune à remplir : *c'est d'en calculer la sensibilité....* puisque M. de St. Lambert le veut ainsi.

matériels et même inaccessible à notre faible intelligence, et qui se refusant également à toutes nos investigations, nous frappe et nous étonne néanmoins par des résultats que l'on ne saurait comparer à rien de ce que nous offre l'univers matériel, et qui, par cela même, se soustrait et déroge à toutes les notions que nous avons de la matière.

En effet que l'on conçoive ou qu'on examine avec l'attention la plus scrupuleuse la machine la plus simple comme la plus compliquée, que l'on accorde à cette machine tous les leviers et toute la puissance du mouvement qui lui seront nécessaires, on n'en obtiendra jamais que des résultats purement physiques et matériels; et le cerveau, cet organe matériel qui par conséquent est sujet à toutes les lois de la matière, qui s'altère, s'enflamme, suppure et se décompose comme tous les autres organes du corps humain, opérerait lui seul et par sa seule contexture physique les résultats étomnans qu'on s'obstine à regarder comme une pure secrétion de cet organe; en un mot les phénomènes

immatériels de l'intelligence et de la pensée.....
La pensée, cet attribut de la vie le plus surprenant comme le plus sublime dont l'illustre *Thomas* a si bien dépeint l'imposante grandeur dans ce beau vers :

« L'homme vit par son ame, et l'ame est la pensée ».

La *pensée*, le modèle et l'essence du principe immatériel qui nous anime (1) et qui embrasse également le passé, le présent et l'avenir.

La *pensée* qui, se jouant du temps et de tous les obstacles, s'élance à travers les distances et les siècles, et les parcourt avec une égale rapidité.

---

(1) Opinion de Descartes et de son école---- Ces philosophes considèrent la pensée comme un débri précieux sauvé du naufrage de nos premiers parens------ Mais en vain cette unique et brillante parcelle, échappée au naufrage général, tend-elle à graviter vers le centre de sa sphère d'activité, en vain s'élance-t-elle vers les régions éthérées; on dirait que le limon et l'humidité dont ses ailes sont encore imprégnées, la forcent à redescendre sur la terre et l'enchaînent dans cette région des ténèbres et de la mort.

La *pensée*, ce rayon émané de la lumière incréée, devenu l'attribut d'un être fugitif et précaire qui nous offre le contraste frappant de tant de grandeur et de tant de misères.

La *pensée*, en un mot, aussi libre et aussi indépendante dans les fers ou sous le chaume que sur le premier trône du monde, serait-elle une simple secrétion d'un organe matériel, un pur résultat de la matière, un effet ou un produit qui, *seul dans la nature*, n'offrirait aucun rapport, aucune analogie avec son *générateur*.... Ah! qui ne voit ici jusqu'à qu'elle absurdité révoltante la raison de l'homme peut s'abaisser lorsqu'elle est maîtrisée par un fanatisme antireligieux ou par d'autres passions avilissantes.

Que certains physiologistes, (à l'exemple de Gall et de Spurzein), s'évertuent à chercher les rapports des diverses éminences cérébrales avec les dispositions intellectuelles, avec les affections morales des individus; que quelques naturalistes s'occupent à compulser la plus grande quantité relative de masse cérébrale qu'on remarque dans le moineau, dans le chien et dans quelques autres animaux qui se rapprochent le plus de l'homme ; que des pathologistes tâchent d'apprécier les influences que peuvent avoir sur les opérations du cerveau les diverses maladies de cet organe : tout cela prouve, comme l'observe J. J. Rousseau, *qu'on peut bien s'amuser à disputer contre l'évidence elle-même*, mais que l'on ne saurait la méconnaître de bonne foi.

Certainement l'organe cérébral est le principal agent physique de nos opérations intellectuelles ; mais il a besoin, comme tous les autres organes, d'un principe excitateur. C'est ici le cas de rappeler la vérité énoncée dans la citation que nous avons prise pour épigraphe : *mens agitat molem*. Sans ce moteur nécessaire, le cerveau comme tous les autres organes seraient frappés d'inertie, et toutes les fonctions étonnantes que nous admirons dans l'économie animale seraient nécessairement suspendues.

Mais de plus, si, comme l'avancent les physiologistes dont je combats l'opinion, les opérations de notre intelligence sont le pur résultat de l'organisation physique du cerveau, si elles en forment *une pure secrétion*, je soutiens qu'il leur sera impossible d'apprécier et de connaître quand leur intelligence, et par suite leurs pensées, leur raisonnement seront réguliers et conséquens ; et s'ils ne délirent pas à qui mieux mieux quand ils croient soutenir quelque proposition conséquente ou avancer quelque idée lumineuse et même sublime, ou du moins raisonnable.

En effet qui pourra les rassurer sur ce point, qui pourra leur faire connaître que leurs pensées, leur raisonnement ne sont pas le résultat de quelque *secrétion cérébrale morbide?* Ils diront peut-être pour se rassurer là-dessus, que leur cerveau est sain et dans un état normal, et que par suite ses *secrétions* doivent être régulières. Mais comme il ne leur est pas donné d'explorer leur cerveau, ils ne peuvent juger, d'après leurs principes, de son état de santé ou de maladie que d'après ses fonctions ; c'est ainsi que, quand ils voient ou qu'ils entendent un *maniaque*, ils jugent, d'après leurs principes, que son cerveau est altéré puisque les fonctions de son organe cérébral sont altérées. Or d'après quelles données pourront-ils juger de la rectitude de leurs propres idées, de la régularité de leurs fonctions cérébrales. Qui leur prouvera qu'ils ne se font pas illusion à eux-mêmes? pour les convaincre de la certitude du principe que nous soutenons à ce sujet, j'en appelle à leur seule bonne foi, et les invite à se donner la peine de pénétrer dans un de ces hospices consacrés à recueillir les malheureux aliénés. Il leur sera facile d'en distinguer dans le nombre plusieurs qui leur paraîtront gais, plaisans et raisonnables en apparence. On en voit même qui se moquent des autres fous, et qui croient (comme dit le bon *Lafontaine*) *vendre la sagesse*; qui mangent fort bien, digèrent de même, et dont les organes paraissent être dans un état de régularité parfaite. Certains de ces maniaques (qui en général ne manquent pas d'esprit dans leurs momens lucides), et les monomanes surtout (1), ne se croiraient-ils

---

(1) Les monomanes sont les aliénés dont la manie ne porte que sur un objet ou un point particulier.

pas en droit de leur dire, comme je l'ai entendu moi-même de la bouche d'un de ces infortunés :

« Le plus sage de nous n'est pas celui qu'on pense. »

Eh! bien je les défie, d'après leur hypothèse, de me prouver qu'ils sont en droit de se croire plus sages et plus raisonnables que ces infortunés, à moins toutefois qu'ils ne s'appuient, qu'ils n'invoquent l'autorité de leurs concitoyens qui seule pourra les rassurer réellement à ce sujet.

Mais recourir à l'autorité de ses semblables; quel moyen humiliant pour un esprit indépendant qui se fait gloire d'avoir secoué toute autorité, et qui ne veut rien croire que d'après ses propres lumières.

Plus on réfléchit sur les conséquences de l'opinion qui tend à attribuer exclusivement à l'organisation physique, les diverses propriétés vitales ou les divers phénomènes de la vie, et plus on en apprécie les inconvéniens, et j'oserai même dire le ridicule.

Je sens que des personnes timorées et instruites peuvent justement s'allarmer de certaines expressions hardies et inconvenantes, qui tendent évidemment à tout ramener au physique, à tout accorder à la matière, (et je suis loin de vouloir justifier à ce sujet l'intention ni l'orthodoxie de leurs auteurs, puisqu'ils se pavanent eux-mêmes de leurs principes); mais que ces personnes respectables se rassurent : il faut seulement apprécier les expressions insolites qu'ils emploient à dessein, et examiner avec soin les prétendus argumens dont ils étayent leurs assertions, pour se convaincre que tous leurs efforts se réduisent à renouveller une ancienne opinion qui a été si souvent combattue, et avec tant de succès.

Au reste, à l'époque où nous sommes, il est facile de prévoir que quelque conviction qu'on éprouve soi-même, et par suite, que quelque effort que l'on fasse pour la faire passer dans l'esprit de ses lecteurs, on ne parviendra jamais à convaincre ceux qui ne veulent pas être convaincus, ni ceux qui cherchent la vérité à travers le prisme des préventions défavorables.

L'opinion que nous avons essayé de défendre, forme la base de toute morale ; c'est sur ce pivot que roule toute doctrine positive, elle est en un mot d'une trop haute importance pour qu'elle n'ait pas fixé dans tous les temps l'attention de nos plus illustres écrivains.

Je suis bien loin de prétendre aux succès que la plupart ont obtenus à ce sujet ; mais la question ayant, pour ainsi dire, changé de face, j'ai cru devoir la considérer sous le nouvel aspect sous lequel on s'efforce de la reproduire de nos jours. J'ai cru devoir soumettre à un nouvel examen les argumens nouveaux dont on prétend l'étayer aujourd'hui ; car c'est en vain qu'elle se présente avec l'appareil imposant de tant d'autorités anciennes et modernes, c'est une raison de plus pour qu'elle paraisse suspecte à cette classe qui n'accorde son assentiment qu'à ce qui lui sourit, qu'à ce qu'elle désire.

Dic nobis placentia : voilà la seule condition sans laquelle on ne saurait obtenir son approbation ; et cette classe d'écrivains qui se perpetue plus ou moins et qui se reproduit d'age en age, renouvelle constamment ses efforts pour combattre les doctrines les mieux établies et les plus consolantes pour l'humanité.

Mais aurait-on fait par hasard quelque nouvelle découverte qui pût mettre en péril la vérité que nous soutenons, et qui justifiât les nouvelles prétentions de nos adversaires ? Je n'en connais point, si ce n'est quelques mots nouveaux, quelques observations insignifiantes ou peut-être même quelques expériences tronquées qui peuvent bien en imposer au premier aspect, mais quand on vient à scruter attentivement ces prétendues preuves et cette nouvelle manière de présenter la question, on n'a pas de peine à se convaincre que tous ces ajustemens nouveaux, que tous ces pompons et ces oripeaux modernes dont on a voulu l'affubler et avec lesquels on a prétendu lui rendre le coloris et la fraîcheur de sa première jeunesse, ne servent réellement qu'à masquer les rides de sa décrépitude, et à voiler les cicatrices nombreuses des blessures qui lui avaient été jadis si funestes.

FIN.

NOTE

QUI CORRESPOND A LA PAGE 29.

Lorsque *les organes sont sains, les fonctions sont saines ; si les organes sont altérés, leurs mouvemens sont irréguliers et les fonctions dans un état pathologique.*

Cette proposition ainsi énoncée présente une nouvelle preuve de ce qu'on a observé si souvent : que la meilleure manière de faire adopter une erreur, c'est de l'associer avec une vérité saillante. En effet il y a peu de propositions physiologiques qui paraissent offrir une certitude plus évidente que cette double proposition; mais lorsqu'on vient à scruter séparément les deux parties qui la composent on n'a pas grande peine à se convaincre que si la seconde partie est généralement vraie, la première ne saurait être admise sans de grandes restrictions. Ainsi dans le cas présent il est bien certain que l'altération même la plus légère d'un organe doit influer sur ses fonctions, à plus forte raison lorsque cette altération est grave et qu'elle est devenue *organique*, c'est-à-dire, lorsqu'elle a dénaturé le tissu même ou la structure de l'organe ; c'est alors surtout qu'elle est presque toujours au-dessus des forces de l'art et même de la nature.

Mais avancer que lorsqu'un organe est sain, ses fonctions doivent être constamment saines ou *régulières*, c'est méconnaître ce que nous offre l'expérience journalière qui nous démontre qu'une fonction peut être altérée par mille causes physiques ou morales avant que l'organisation soit elle-même lésée.

Fautes Essentielles.

PAGE	LIGNE	AU LIEU DE	LISEZ
1	6	équivalant	équivalent.
8	16	après avec	après avoir.
33	8	avait donné	avait données.
48	4	des sens	des sons.
53	22	supposés	supposé.
64	2	organique	inorganique.
77	1	l'opinion	la vérité.
79	19	forces	ressources.

www.ingramcontent.com/pod-product-compliance
Lightning Source LLC
LaVergne TN
LVHW050634090426
835512LV00007B/841